BEI GRIN MACHT SICH IHR WISSEN BEZAHLT

AF135846

- Wir veröffentlichen Ihre Hausarbeit,
  Bachelor- und Masterarbeit

- Ihr eigenes eBook und Buch -
  weltweit in allen wichtigen Shops

- Verdienen Sie an jedem Verkauf

Jetzt bei www.GRIN.com hochladen
und kostenlos publizieren

Ein Trainingsplan zur Optimierung der Beweglichkeit und der Koordination. Trainingslehre 3

Robin Maul

Bibliografische Information der Deutschen Nationalbibliothek:

Die Deutsche Nationalbibliothek verzeichnet diese Publikation in der Deutschen Nationalbibliografie; detaillierte bibliografische Daten sind im Internet über http://dnb.d-nb.de abrufbar.

ISBN: 9783346385932
Dieses Buch ist auch als E-Book erhältlich.

© GRIN Publishing GmbH
Nymphenburger Straße 86
80636 München

Druck und Bindung: Books on Demand GmbH, Norderstedt Germany
Gedruckt auf säurefreiem Papier aus verantwortungsvollen Quellen

Das vorliegende Werk wurde sorgfältig erarbeitet. Dennoch übernehmen Autoren und Verlag für die Richtigkeit von Angaben, Hinweisen, Links und Ratschlägen sowie eventuelle Druckfehler keine Haftung.

Das Buch bei GRIN: https://www.grin.com/document/1004268

Einsendeaufgabe

Saarbrücken

Neuberger Sportschule 3 66123

Gesundheitsmanagement Hermann

Prävention und

Deutsche Hochschule für

Trainingslehre III

Sportökonomie

Maul, Robin

DHfPG München

WS 18

Inhaltsverzeichnis

1 Personendaten

1.1 Allgemeine und gesundheitliche Daten

Bei einer detaillierten Anamnese wurden die wichtigsten Daten erhoben und in der nachfolgenden Tabelle dokumentiert.

Tab.1: Allgemeine und gesundheitliche Daten des Probanden (eigene Darstellung)

Allgemeine Daten	
Alter	22
Geschlecht	Weiblich
Körpergröße	1,74m
Körpergewicht	52kg
Trainingsmotive	Fitness/Gesundheit, Kontakt im Sport
Berufliche Tätigkeit	Duale Studentin B.A. Sportökonomie
Aktuelle sportliche Aktivitäten	Voltigieren Leistungsstufe: Amateur Trainingsumfang: 2x Training pro Woche Home-Workouts Leistungsstufe: Fortgeschritten Trainingsumfang: 3x pro Woche
Frühere sportliche Aktivitäten	Kinderturnen (Alter von 5-6 Jahren) Leistungsstufe: Anfänger Trainingsumfang: 2x pro Woche
Zeitlicher Verfügungsrahmen	4 freie Tage pro Woche á 1 Std.
Allgemeiner Gesundheitszustand	
Orthopädische Einschränkungen	Teilweise Schulterschmerzen durch frühere Verletzung
Internistische Einschränkungen	Keine
Ärztliche Behandlungen	Keine
Einnahme von Medikamenten	Keine
Sonstige gesundheitliche Einschränkungen	Keine

1.2 Bewertung Belastbar-/Trainierbarkeit der Person

Anhand der allgemeinen Personendaten befindet sich die Probandin in einem guten Fitnesszustand. Durch ihre berufliche Tätigkeit im Sportbereich sowie ihre aktuellen sportlichen Tätigkeiten mit dem hierzu verbunden Trainingsaufwand, ist der Sport und die Bewegung ein großer Teil ihres Lebens. Hinzu kommt, dass der Voltigiersport eine ausgeprägte Beweglichkeit voraussetzt (Ihden-Rothkirch, 2017, S.5). Die Schmerzen die teilweise in der Schulter auftreten, werden bei den Testungen berücksichtigt. Man kann also davon ausgehen, dass die Testperson jegliche Übungen ausführen kann.

2 Beweglichkeitstestung

2.1 Manueller Beweglichkeitstest in Anlehnung der Muskelfunktionsüberprüfung nach Janda (2000)

Tab.2: Manueller Beweglichkeitstest nach Janda (2000) (eigene Darstellung)

Getestete Muskelgruppe	Übungsausführung	Bewertung	Ergebnis
M. pectoralis major	Die zu testende Person legt sich in Rückenlage auf eine Behandlungsliege. Damit das Becken fixiert bleibt müssen die Beine angewinkelt sein und die Füße kontaktieren mit der Auflagefläche. Die Probandin liegt am Rand der Liege (rechts o. links) damit ein Arm über die Kante der Liege hinausragen kann. Der Arm der Testperson wird vom Tester zunächst in eine abduzierte, nach außenrotierte Position (Ellenbogengelenk im 90-Grad Beugewinkel). Mit der anderen Hand fixiert der Tester den Brustkorb damit der Oberkörper der getesteten Person weiterhin fixiert bleibt und das Testergebnis durch eine Seitenneigung nicht manipuliert wird. Nun wird beobachtet inwieweit sich der abduzierte Arm an der Horizontalen nähert.	Stufe 0 = Oberarm erreicht Horizontale; mit leichtem Druck des Testers kann Oberarm unter Horizontale bewegt werden (keine Bewegungsdefizite) Stufe 1 = Oberarm erreicht Horizontale nicht; durch leichten Druck des Testers kann Horizontale erreicht werden (leichte Bewegungsdefizite) Stufe 2 = Oberarm erreicht selbst durch Druck des Testers die Horizontale nicht (Deutliche Bewegungsdefizite)	Links = 0 Rechts = 0
M. iliopsoas	Die Testperson legt sich in Rückenlage auf die Behandlungsliege. Das Gesäß schließt dabei mit dem unteren Rand der Liege ab, sodass die Beine überhängen. Mit den Händen zieht die Probandin ein Bein so weit wie möglich an sich	Stufe 0 = Oberschenkel erreicht Horizontale; durch leichten Druck kann Oberschenkel unter	Links = 0 Rechts = 0

	heran um eine Beugung in der Hüfte zu erzielen. Das Becken und die LWS müssen durchgehend fixiert bleiben. Der Tester beobachtet wie sich der Oberschenkel des hängenden Beins zur Horizontalen verhält.	Horizontale bewegt werden (Keine Bewegungsdefizite) Stufe 1 = Oberschenkel erreicht Horizontale durch leichten Druck des Testers (Leichte Hüftbeugestellung) Stufe 2 = Oberschenkel erreicht selbst durch Druck des Testers Horizontale nicht (Deutliche Bewegungsdefizite)	
M. rectus femoris	Die Testperson legt sich in Rückenlage auf die Behandlungsliege. Das Gesäß schließt dabei mit dem unteren Rand der Liege ab, sodass die Beine überhängen. Die Probandin zieht ein Bein so weit wie möglich an sich heran um die Hüfte maximal zu beugen. Becken und LWS müssen durchgehend fixiert bleiben. Das andere Bein wird vom Tester in den maximalen Hüftextensionswinkel gebracht. Der Tester beobachtet wie der Unterschenkel der Probandin zur Senkrechten steht.	Stufe 0 = Unterschenkel hängt seitlich ab; durch leichten Druck des Testers ist es möglich, die Kniebeugung zu vergrößern (Keine Bewegungsdefizite) Stufe 1 = Unterschenkel ist leicht nach vorne gestreckt; durch leichten Druck des Testers ist es möglich einen 90-Grad Kniebeugewinkel zu erreichen (Leichte Bewegungsdefizite) Stufe 2 = Unterschenkel ist deutlich nach vorne gestreckt; auch durch Druck des Testers ist kein 90-Grad Kniebeugewinkel zu erreichen (Deutliche Bewegungsdefizite)	Links = 1 Rechts = 1
M. ischiocrurales	Die Probandin liegt in Rückenlage auf der Behandlungsliege. Die Beine sind angewinkelt und aufgestellt. Das zu testende Bein wird vom Tester bei durchgehend gestreckten Kniegelenk in die maximale Hüftflexion gebracht. Das Knie darf dabei nicht mit den Händen berührt werden und das aufgestellte Bein bleibt unberührt. Der Tester beobachtet inwieweit das zu testende Bein an einen Hüftbeugewinkel von 90-Grad herangeführt werden kann.	Stufe 0 = Hüftflexion (Gelenk) im Ausmaß von 90-Grad möglich (Keine Bewegungsdefizite) Stufe 1 = Hüftflexion ist bis zwischen einem Ausmaß von 80-90-Grad möglich. (Leichte Bewegungsdefizite) Stufe 2 = Hüftflexion ist nur unter 80-Grad möglich (Deutliche Bewegungsdefizite)	Links = 0 Rechts = 0

| M. triceps surae | Die Probandin liegt in Rückenlage auf der Behandlungsliege. Das nicht zu testende Bein ist angewinkelt und aufgestellt. Das zu testende Bein wird gestreckt. Die distale Hälfte des Unterschenkels ragt dabei über die Kante hinaus. Der Tester greift nun mit der einen Hand den überhängenden Fuß distal am Fersenbein und mit der anderen Hand an die Fuß-Außenseite. Der Tester übt nun einen Zug an der Ferse aus und zieht den Fuß distalwärts. Mit der anderen Hand drückt der Daumen (am äußersten Fußrand) den Vorfuß in Richtung Schienbein. | Stufe 0 = Dorsalextension ist mindestens bis zur 0-Grad Stellung möglich (90-Grad zwischen Fuß und Unterschenkel) (Keine Bewegungsdefizite)

Stufe 1 = die 0-Grad Stellung wird nicht erreicht; Dorsalextension allerdings möglich (Leichte Bewegungsdefizite)

Stufe 2 = Dorsaltextension ist nur unter 10-Grad und unterhalb der 0-Grad Stellung möglich | Links = 1
Rechts = 1 |

2.2 Testbewertung/Interpretation

Für das zu planende Beweglichkeitsprogramm, werden die Testungen nun ausgewertet. Die Muskelgruppen M. pectoralis major, M. iliopsoas und M. ischiocrurales weisen keine Beweglichkeitsdefizite auf. Lediglich im M. rectus femoris und im M. triceps surae sind leichte Bewegungseinschränkungen festzustellen. Den vollen Dehnungsbereich des M. ischiocrurales bzw. den vollen Extensionsbereich der Hüftflexoren wird in ihrem Beruf und im Sport weniger eingenommen und sollte der Probandin einen Anreiz geben diese in einem ausführlichen Beweglichkeitstraining zu intensivieren. Eventuelle Seitenungleichheiten zwischen der linken und rechten Seite waren nicht festzustellen. Das Trainingsmotiv des kommenden Beweglichkeitsprogramms, für die Probandin könnte daher eine „Verbesserung der Beweglichkeit" sein.

3 Trainingsplanung Beweglichkeitstraining

Im Folgenden wird für unsere Probandin ein Beweglichkeitstraining geplant im Sinne eines Dehntrainings. Der Plan wird Dehnungen für die Muskeln beinhalten die beim manuellen Beweglichkeitstest ein Defizit aufgezeigt haben. Es wird zudem auf alle essenziellen Muskel-Gelenk-Systeme eingegangen.

3.1 Belastungsgefüge

Diese Tabelle stellt die für die Testperson zukommende Belastungsparameter für das statische, dynamische und postisometrische Beweglichkeitstraining dar. Diese beinhaltet unter anderem die Trainingshäufigkeit pro Woche, die Satzanzahl der Übungen, die Dehnintensität sowie die entsprechende Dehndauer der Übungen. Diese bezieht sich auf jede, der zehn geplanten Übungen.

Tab.3: Belastungsparameter für das kommende Beweglichkeitstraining (eigene Darstellung)

Trainingshäufigkeit/Woche	4 Einheiten
Sätze pro Übung	4
Dehnintensität	Oberhalb der Dehngrenze
Dehndauer	• Statische Dehnung: Bis zu 45 sek. Halbzeit pro Satz • Dynamische Dehnung: 10-12 Wiederholungen pro Satz -> 4 sek. Halten • Postisometrischer Dehnung: Insgesamt ca. 60 sek. pro Satz 6-10 sek. Isometrische Kontraktion der zu trainierenden Zielmuskulatur 3 sek. Zielmuskulatur entspannen 10-20 sek. Einnehmen der aktiven oder passiven Dehnposition

3.2 Dehnübungen

Es wurden im Folgenden zehn verschiedene Dehnübungen zusammengestellt, welche unterschiedliche Dehnmethoden erfüllen. Für einen besseren Überblick der Übungen, wurde sich für die tabellarische Darstellungen entschieden.

Tab.4: Übungsbeschreibung des Beweglichkeitstrainings (eigene Darstellung)

Zielmuskulatur	Dehnmethode	Ausführung
M. ischiocrurales	Postisometrisch	Zur Ausführung der Übung ist ein Türrahmen erforderlich. Die Prodandin liegt auf dem Rücken, das Gesäß des zu dehnenden Beins schließt am Türrahmen ab. Die Hüfte ist im 90-Grad Winkel gebeugt, sodass die Ferse am Türrahmen aufliegt. Das nicht zu dehnende Bein liegt gestreckt flach auf dem Boden. Zunächst soll die hintere Oberschenkelmuskulatur für 10 sek. isometrisch angespannt werden, indem die Testperson die Ferse aktiv in den Türrahmen drückt (Ausgangsposition nicht verändern). Nach der isometrischen Dehnung, die Spannung langsam lösen und die Person soll die Muskulatur für 3 sek. vollständig entspannen. Danach in eine statische Längsdehnung übergehen. Dabei wird das Kniegelenk des zu dehnenden Beins für 10 sek. maximal durchgestreckt und gehalten (Gräwe und Görgen 2009) Pro Bein wird die Übung für 60 sek. durchgeführt.
M. quadriceps femoris	Passiv-dynamisch	Die Probandin begibt sich in den Kniestand. Der Oberkörper ist aufgerichtet und ein Bein wird nach vorne gesetzt. Ober-und Unterschenkel bilden einen 90-Grad Winkel beim vorderen Bein. Das zu dehnende, hintere Bein wird am Knöchel gegriffen und langsam in Richtung des Gesäß gezogen. Mit der anderen Hand kann sich die Testperson am Boden abstützen. Die Kontraktion wird im Wechsel (ca. 4sek. halten und lösen) mal mehr und mal weniger durch Zug auf das Bein ausgeübt. Dieser Zyklus soll etwa 20-mal wiederholt werden (vgl. Hillebrecht und Schmidt).
M. rectus femoris M. iliopsoas	Passiv-statisch	Die Testperson nimmt eine Ausfallschrittstellung ein. Der vordere Fuß wird aufgestellt und das hintere Bein wird komplett auf den Boden aufgelegt. Der vordere Fuß stellt sich leicht vor das vordere Knie. Um eine Dehnung zu erzeugen wird das Körpergewicht nach vorne verlagert. Der Rücken ist dabei aufrecht und das Becken durchgehend aufgerichtet. Diese Position wird gehalten und abwechselnd auf der linken und rechten Seite durchgeführt.
M. erector spinae	Aktiv-dynamisch	Die Prodandin nimmt einen Vierfüßlerstand ein. Die Händen stützen unterhalb der Schultern auf dem Boden auf. Das Hüft- und das Kniegelenk bilden eine Linie. Die

		Bauchmuskulatur wird nun aktiv kontrahiert, dadurch entsteht eine Kyphose in der Wirbelsäule. Durch eine Entspannung der Bauchmuskulatur wird die Dehnung wieder verlassen und die Testperson kehrt in die Ausgangsposition zurück. Der Bewegungsablauf wird mehrmals wiederholt.
M. adductor brevis M. adductor longus M. adductor magnus	*Aktiv-statisch*	Die Testperson stellt sich im Grätschstand auf. Das Standbein wird gebeugt. Das zu dehnende Bein wird lang gestreckt und der Fuß bleibt auf dem Boden aufgestellt. Durch das Verlagern des Körpergewichts auf das angewinkelte Bein, wird die Dehnung in der Oberschenkelinnenseite spürbar. Nach 45 sek. wird das Bein gewechselt.
M. gastrocnemius	*Passiv-statisch*	Die Probandin befindet sich im Ausfallschritt und ca. eine Fußlänge von einer Wand entfernt. Der hintere Fuß ist der hier zu dehnende. Die Ferse wird in Richtung Boden gedrückt und der Oberkörper wird nach vorne gelegt. Die Hände können an der Wand abstützen. Dabei wird die komplette Wadenmuskulatur gestreckt. Die Ferse bleibt dabei durchgehend mit dem Boden in Kontakt. Nach 45 sek. wird das Bein gewechselt.
M. pectoralis major	*Aktiv-dynamisch*	Die Testperson nimmt einen aufrechten Stand ein. Die Oberarme werden im 90-Grad Winkel abduziert und nach außenrotiert. Die Ellenbogen werden im 90-Grad Winkel angewinkelt. Die Schulterretraktoren werden aktiv kontrahiert und die Schulterblätter zusammengezogen. Die Arme ziehen dabei nach hinten. Dadurch wird die Dehnung in der Brustmuskulatur spürbar. Die Dehnposition wird abwechselnd durch An-und Entspannung der Schulterrektraktoren eingenommen und verlassen.
M. obliquus internus abdominis M. obliquus externus abdominius	*Passiv-statisch*	Die Testperson befindet sich in Rückenlage auf dem Boden. Die Beine werden aufgestellt und die Arme liegen in einem 90-Grad Winkel vom Körper entfernt. Beide Knie werden aufeinander in eine Richtung auf den Boden abgelegt, um eine Dehnung zu erzeugen. Die Schultern halten dabei durchgehend den Kontakt zum Boden ein. Die Position wird für 45 sek. gehalten und anschließend die Richtung gewechselt.
M. trapezius M. rhomboidei	*Aktiv-statisch*	Die Probandin nimmt einen aufrechten Stand ein. Auf Schulterhöhe verschränkt sie beide Hände vor dem Körper. Der Kopf wird nach vorne geneigt. Indem die Testperson M. serratus und M. pectoralis minor aktiv anspannt, wird eine

		Dehnung eingenommen. Die Schulterblätter entfernen sich dabei von der Wirbelsäule. Diese Position wird für 45 sek. gehalten.
M. latissimus dorsi	*Aktiv-statisch*	Die Testperson nimmt eine leichte Grätschstellung ein. Hüft- und Kniegelenke sind leicht gebeugt. Ein Arm (auf der zu dehnenden Seite) wird in die Höhe genommen. Mit dem anderen Arm greift die Probandin das Handgelenk des angehobenen Arms. Dann wird Arm und Rumpf langsam zur Seite gezogen. Die Spannung ergibt sich auf der konvexen Seite des Rumpfes und der dazugehörigen Rumpfmuskulatur. Die Position wird für 45 sek. gehalten und anschließend die Seite gewechselt (Prof. Dr. med. Thomas Wessinghage 2018).

3.3 Begründung des Dehnprogramms

Der Fokus der Übungen des Dehnprogramms wurde darauf gesetzt, alle essentiellen Muskel-Gelenk-Systeme sowie rumpfnahen Gelenke (Hüft- und Schultergelenk) und Wirbelsäule einzubauen, welche für jegliche Bewegungsabläufe im Sport und Alltag notwendig sind. Daher wurde von einem einseitigem Programm abgesehen und sich für ein Ganzkörpertraining entschieden, um die Beweglichkeit in allen Körperregionen zu intensivieren bzw. zu erhalten. Im Voltigiersport unserer Probandin ist eine ausgeprägte Bewegungsamplitude, die Voraussetzung für ihre sportliche Leistungsfähigkeit. Unter anderem wurde auch großer Wert auf die Verbesserung der Dehnfähigkeit im M. rectus femoris gelegt, da sich dieser im manuellen Beweglichkeitstest, mit einem leichten Bewegungsdefizit herausstellte. Hierbei wurde sich bewusst für eine passiv-statische Dehnübung entschieden. Bei einer aktiven Dehnung, besteht die Gefahr, dass der Antagonist der zu dehnenden Muskulatur, nicht ausreichend Kraft aufbringen kann um einen intensiven Reiz zu erzeugen. Es wurden trotzdem auch einige aktive Dehnmethoden geplant, damit die Probandin sich diese auch aneignet. Neben der statischen Ausführung, wurden auch dynamische Dehnübungen mit reingenommen, welche die Probandin auch in ihr Aufwärmprogramm bei Wettkämpfen integrieren kann. Denn durch das dynamische Dehnen bleiben die Kapillare weitgehend geöffnet und die Durchblutung innerhalb der Muskulatur kann gesteigert werden (SHTV 2015).

4 Trainingsplanung Koordinationstraining

Im Folgenden wird ein Koordinationstraining im Sinne eines Gleichgewichtstrainings geplant. Zum Teil werden für die verschiedenen Übungen Hilfsmittel wie beispielsweise Bälle zum Einsatz kommen.

4.1 Belastungsgefüge

Tab.5: Belastungsparameter für das geplante Koordinationstraining (eigene Darstellung)

Trainingshäufigkeit/Woche	3 Mal
Sätze/Übung	4
Satzpausen	30 sek.
Belastungsdauer	Dynamische Übungen: 15 Wiederholungen Statistischen Übungen: 30 sek.

4.2 Koordinationsübungen

Für die Folgenden zehn Gleichgewichtsübungen werden teilweise diverse Hilfsmittel verwendet. Sofern Ermüdungserscheinungen auftreten, wird das Koordinationstraining vom Trainer abgebrochen. Zuvor sollte sich die Probandin 5-10 min aufwärmen.

Tab.6 Das Koordinationstraining (eigene Darstellung)

Bewegungsausführung	Hilfsmittel
Die Testperson nimmt einen aufrechten Stand ein und hängt ihre Arme seitlich am Körper nach unten. Der Körperschwerpunkt wird abwechselnd und gleichmäßig nach vorne, nach hinten, zur rechten und linken Seite verlagert. Zur Übungsintensivierung werden die Augen geschlossen.	-
Die Probandin legt sich eine dünne/gerade Markierungslinie mithilfe eines Fadens oder eines Kreppbands. Nun wird versucht auf dieser Linie zu balancieren. Sofern dies ohne Probleme zu absolvieren ist, wechselt sie zunächst in den Zehenspitzen- und anschließend in den Fersengang.	Faden/Kreppband
Bei dieser Übung wird ein dynamischer Einbeinstand erwartet. Die Ausgangsposition ist der aufrechte Stand. Es wird ein Bein nach oben angehoben und dann versucht in der Luft eine „acht" durch Kreisen des Fußes zu schreiben, ohne dabei den Boden zu	-

berühren. Zur Intensivierung kann hierbei zusätzlich mit einem Arm, ein Kreis in die Luft gezeichnet werden.	
Die Testperson geht vom Einbeinstand in eine Standwaage über. Während sie auf einem Bein steht, beugt sich ihr Oberkörper langsam nach vorne. Gleichzeitig wird das freie Bein nach hinten/oben gestreckt. Der Oberkörper und das gestreckte Bein bilden dabei eine Horizontale. Das Gleichgewicht soll versucht werden zu halten. Als Stabilisierungshilfe werden die Arme zur Seite gestreckt.	-
Die Ausgangsposition ist sitzend auf einem Pezziball. Die Anforderung ist nun die Füße vom Boden anzuheben. Körperschwerpunkt und Unterstützungsfläche befinden sich dabei im Lot. Sofern dies problemlos machbar ist, kann die Übung durch stehen auf dem Ball intensiviert werden. Es bietet sich an, dies zunächst mit einer Hilfestellung durch den Testleiter auszuprobieren.	Pezziball
Für diese Übung wird ein kleiner Parcours mit acht Therapiekreiseln aufgebaut. Die Kreisel werden versetzt mit einem gleichmäßigem Abstand positioniert. Wichtig hierbei, dass diese sich auf einem festen Untergrund befinden, damit sich nicht bei Belastung wegrutschen können. Die Probandin versucht vom einem zum nächsten Kreisel zu steigen. Zur Übungssteigerung kann hierbei versucht werden, jeweils beim Wechsel der Unterstützungsfläche, die Position einbeinig für 2-3 sek. zu halten.	Therapiekreisel
Die Testperson versucht einen Einbeinstand auf einem Therapiekreisel zu absolvieren und gleichzeitig wirft sie dabei einen Ball in die Luft und versucht ihn wieder zu fangen. Zur Intensivierung können hierbei Störimpulse seitens des Trainers gegeben werden.	Therapiekreisel/Ball
Hierfür werden zwei Therapiekreisel benötigt. Die Probandin steht mit beiden Füßen auf jeweils einem Kreisel. Nun wird versucht eine Kniebeuge durchzuführen. Wenn dies gleichmäßig und ohne großen Schwierigkeiten auszuführen ist, kann dies mit zuwerfen eines Balls intensiviert werden.	Therapiekreisel Ggf. Ball
Die Probandin stellt sich mit einem Bein auf den Therapiekreisel. Nun wird versucht einen Ausfallschritt zu machen. Der Rücken bleibt durchgehend stabilisiert und gerade. Das hintere Bein wird aufgesetzt und die Ferse angehoben. Dabei wird versucht das Gleichgewicht zu halten und anschließend die Seite gewechselt.	Therapiekreisel

Für diese komplexe Übung wird der Pezziball zur Hilfe genommen. Die Ausgangsposition ist hierbei eine Oberkörpervorlage und die Hände positionieren sich auf dem Ball. Es wird nun versucht das Becken langsam über den Ball zu rollen. Nach Überqueren des Balls stützen die Arme den Oberkörper ab. In der Stützposition wird sich so weit nach vorne gelegt, bis nur noch die Füße auf dem Ball aufliegen. Wichtig hierbei die Körperspannung zu halten.	Pezziball

4.3 Begründung des Koordinationstrainingsprogramms

Da unsere Probandin durch ihre langjährige sportliche Aktivität im Voltigiersport ohnehin starke motorische Fähigkeiten besitzt, wurde sich prinzipiell für ein anspruchsvolleres Koordinationstraining entschieden. Das geplante Koordinationsprogramm im Sinne eines Gleichgewichtstrainings umfasst eine Übungsauswahl von statischen und dynamischen Bewegungsabläufen, mithilfe von teilweise verwendeten Hilfsmitteln. Die Testperson soll von den Effekten des Trainings profitieren, indem sie dadurch eine verbesserte Tiefensensibilität, eine bessere Wahrnehmung des Körpers und eine bessere reflektorische Muskelaktivität erlangt (Häfelinger und Schuba 2007, S. 24). Dies dient auch zur Verletzungsprophylaxe. Bei ihrer sportlichen Aktivität passieren immer wieder Stürze, welche durch eine Verbesserung der motorischen Fähigkeiten reduziert werden können. Der Aufbau des propiozeptiven Trainings wurde systematisch gewählt. Deshalb steigert sich das Programm von weniger kraftintensiven, bis hin zu muskulär anspruchsvolleren Übungen. Die Muskulatur der Probandin ermüdet demnach nicht zu schnell, denn während des Trainings muss die Qualität der Bewegungsausführung gewährleistet werden (Chwilkowski 2006, S.60 ff.). Zur zusätzlichen Motivation wurden Übungen mit festem Untergrund und festem Stand an den Anfang gestellt und Übungen mit einer eher instabileren Unterlage und komplexeren Bewegungsausführungen ans Programmende gestellt. Dies ist wichtig um hier Misserfolge am Anfang so gering wie möglich zu halten (Chwilkowski 2006, S.56-58). Alle Übungen wurden mit einer Übungsintensivierung aufgelistet, damit sich die Probandin auch nach und nach im Schwierigkeitsgrad steigern kann.

5   Literaturrecherche zum Thema: „Effekte des Dehnens auf die Bewegungsreichweite bzw. auf die Dehnungsspannung"

Tab.7: Vergleich zweier Studien zum Thema „Effekte des Dehnens im Hinblick auf die Bewegungsreichweite bzw. auf die Dehnungsspannung" (eigene Darstellung)

Studien	„Bewegungsreichweite, Zugkraft und Muskelaktivität bei eigen- bzw. fremdregulierter Dehnung"	„Auswirkungen von Beweglichkeitstraining auf die maximale Bewegungsreichweite, die Dehnungsspannung, biochemische und neurophyisologische Parameter."
Wer hat die Studie durchgeführt?	S. Glück, M. Schwarz, U. Hoffmann, G. Wydra	Schönthaler, Stefan R.; Ott, Henning; Ohlendorf, Kirsten
Publikationsjahr	2002	1994
Forschungsfrage	Gibt es Unterschiede zwischen direkter/indirekter Eigendehnung und indirekter Fremddehnung?	In einer vierwöchigen Studie sollen die Effektivität der statischen, postisometrischen und dynamischen Dehnmethode bezüglich der Dehnungsspannung und der maximalen Bewegungsreichweite untersucht werden.
Versuchspersonen	27 Sportstudenten: Verteilung: 16 männliche; 11 weibliche Alter: 25+- 2 Jahre Gewicht: 68+-10kg Größe: 176+-8cm	36 Studenten (Verteilung Männer Frauen unbekannt)
Versuchsaufbau	Die Versuchspersonen werden in drei verschiedenen Gruppen eingeteilt. In den jeweiligen Gruppen müssen sie standardisierte Testverfahren absolvieren. Test 1: Direkte Eigendehnung durch eigenständiges Dehnen am Seilzug Test 2: Indirekte Eigendehnung durch selbstständige Bedienung eines Motors Test 3: Indirekte Fremddehnung durch den Testleiter	Die 36 Studenten absolvieren ein vierwöchiges Beweglichkeitstraining. Sie werden in drei verschiedenen Gruppen und in einer Kontrollgruppe eingeteilt. Treatmentgruppen für postisometrische, statische und dynamische Dehnmethoden. Zur Standardisierung des Beweglichkeitstrainings wurde der Ablauf über ein Tonband vorgegeben und von fünf Testleitern durchgeführt. Die Messwerte wurden

		mit Hilfe eines computergesteuerten Messystems ermittelt. Alle Versuchspersonen wurden so fixiert, dass eine Hüftausweichbewegung als auch eine Beinbeugung des linken Beines ausgeschlossen werden konnten.
Ergebnisse / relevante Schlussfolgerungen	Die maximale Bewegungsreichweite ergab bei direkter Eigendehnung 5% und war damit signifikant höher als bei indirekter Eigen-und Fremddehnung. Zwischen den anderen Parametern wurde kein signifikanter Unterschied festgestellt. Fazit: Die direkte Eigendehnung zeigt sich anhand der Testergebnisse als die effektivste der drei Dehnmethoden	Für alle Gruppen ergab sich eine signifikante Vergrößerung der maximalen Bewegungsreichweite. Beim Vergleich der drei Dehnmethoden wurden allerdings keine ausschlaggebenden Unterschiede festzustellen. Auch zwischen Männern und Frauen zeigte sich bezüglich der maximalen Bewegungsreichweite kein Unterschied. Die Dehnungsspannung nahm von Vortest zu Nachtest in allen Gruppen tendenziell ab. Allerdings ergab sich zwischen Männern und Frauen im Vortest einen sehr eindeutigen Unterschied von 20,20 Nm, wobei die Frauen mit durchschnittlich 45,26 Nm eine wesentlich geringere Dehnungsspannung aufwiesen. Fazit: Ein Beweglichkeitstraining scheint auf den Parameter Dehnungsspannung nur geringfügige Auswirkungen zu haben. Allerdings lässt sich sagen, dass Intensität und Häufigkeit eines Beweglichkeitstrainings von größerer Bedeutung zu sein scheinen als die Wahl der Dehnmethoden.

6   Literaturverzeichnis

Chwilkowski, C. (2006): Medizinisches Koordinationstraining. Verbesserung der Haltungs- und Bewegungskoordination durch Propriozeption. *2.Auflage Köln: Deutscher Trainer Verlag*

Glück, S.; Schwarz, M.; Hofmann, U.; Wydra, G. (2002): Bewegungsreichweite, Zugkraft und Muskelaktivität bei eigen- bzw. fremdregulierter Dehnung. *Deutsche Zeitschrift für Sportmedizin.* Online verfügbar unter: https://www.germanjournalsportsmedicine.com/fileadmin/content/archiv2002/heft03/a0 1_0302.pdf , zuletzt aufgerufen am: 29.01.2021

Gräwe, B.; Görgen, E. (2012): Vergleich der Effektivität von statischer Längsdehnung mit Dehnung nach postisometrischer Relaxation. *Facharbeit Physio-Akademie* Online verfügbar unter: https://archiv.physio-akademie.de/fileadmin/user/pdfs/Vergleich_der_Effektivitaet_von_statischer_Laengsde hnung_OMT_Deitermann_B._u_Goergen_E..pdf , zuletzt aufgerufen am: 02.02.2021

Häfelinger, U.; Schuba, V. (2007): Koordinationstherapie – proprioezeptives Training. Wo Sport Spaß macht. 3. überarb. Auflage, Aachen: Meyer & Meyer.

Hillebrecht, M.; Schmidt, N. (Abgerufen am 08.06.2014): Stretching – Dehnungsgymnastik II http://spt0010a.sport.uni-oldenburg.de/PDF/lebodeh1.pdf , zuletzt aufgerufen am: 01.02.2021

Ihden-Rothkirch, S. (2017): Voltigieren Sportregeln von Special-Olympics Deutschland *Capito Berlin* Online verfügbar unter: https://leichtesprache.specialolympics.de/wp-content/uploads/2017/05/SOD_Voltigieren.pdf#page6 , zuletzt aufgerufen am: 27.01.2020

Prof. Dr. med. Wessinghage, T. (2015): Dehnübung: Dehnen des Latissimus Dorsi Online verfügbar unter: https://www.team-wessinghage.de/2018/05/30/dehnuebung-dehnen-des-latissimus-dorsi/ , zuletzt aufgerufen am: 29.01.2020

Schönthaler, Stefan R.; Ott, Henning; Ohlendorf, Kirsten (1994): Auswirkungen von Beweglichkeitstraining auf die maximale Bewegungsreichweite, die Dehnungsspannung, biochemische und neurophyisologische Parameter. Online verfügbar unter: https://www.bisp-surf.de/Record/PR019960105412 , zuletzt aufgerufen am 27.01.2021

7 Tabellenverzeichnis